JOSÉ ANTONIO PAGOLA

PASTORAL **R** RENOVADA

VIVIR LA JUBILACIÓN

PPC

© 2024, José Antonio Pagola
© 2024, PPC, Editorial y Distribuidora, SA
   Impresores, 2
   Parque Empresarial Prado del Espino
   28660 Boadilla del Monte (Madrid)
   ppcedit@ppc-editorial.com
   www.ppc-editorial.com

ISBN 978-84-288-4151-1
Depósito legal: M-7173-2024
Impreso en la UE / *Printed in EU*

Introducción

En pocos años ha crecido de manera notable el número de personas que viven esa etapa de la vida que llamamos "jubilación". Dos hechos han contribuido decisivamente a ello. Por una parte, la mejor calidad de vida y el avance de la medicina, que ha prolongado la vida de las personas. Por otra, una nueva organización del trabajo, que ha traído como resultado una jubilación más temprana para no pocos. Este hecho social requiere reflexión para ahondar en una etapa decisiva de la vida y para aprender a vivirla de forma acertada.

Son significativos los cambios y vacilaciones que se pueden observar en la misma terminología. Hace todavía unos años se hablaba de los "retirados"; la sociedad consideraba, al parecer, a los mayores como personas retiradas de la actividad laboral y de las responsabilidades y tareas sociales. Más tarde se extendió el término de "pensionistas", es decir, personas que no viven de su trabajo actual, sino de una pensión que la sociedad les asegura por su rendimiento laboral anterior. Hoy se ha impuesto el término más noble y positivo de "jubilación", es decir, una situación en la que las personas pueden vivir bajo el signo del júbilo y del gozo. Pero ¿es realmente así?

La palabra "jubilación" es sugerente, pero de inmediato brotan las preguntas: ¿Qué es vivir la vida jubilada? ¿Cómo dar un sentido plenamente humano y cristiano a esta etapa decisiva de la vida? En torno a dichas preguntas girará esta modesta reflexión.

En la *primera parte* comenzaremos por recordar qué es envejecer, y la importancia que tiene para la persona el aprender a envejecer de manera sana.

Ahondaremos después en la crisis de la persona mayor, pero veremos, al mismo tiempo, que la última etapa le ofrece la gran oportunidad de culminar su vida.

Será también conveniente que señalemos algunas posturas equivocadas que es necesario evitar, y recordaremos la importancia que tiene para el jubilado elaborar un proyecto de vida adecuado.

Terminaremos apuntando algunos valores propios de la edad mayor, cuando se vive correctamente.

En la *segunda parte* abordaremos la jubilación desde una perspectiva creyente.

Comenzaremos por tomar conciencia de las nuevas condiciones de vida en que ha de vivir su fe la persona mayor.

Trataremos, después, de ver esta etapa de la vida como la oportunidad de vivir un encuentro nuevo y gozoso con Dios desde "la verdad del final".

Desarrollaremos, finalmente, algunos rasgos de la fe de la persona mayor, llamada a vivir en acción de gracias a Dios, acogiendo su perdón, irradiando vida cristiana y caminando con esperanza al encuentro definitivo de su Señor.

1

Hacia una jubilación más humana

1. ¿Qué es envejecer?

Todos conocemos este hecho. Con el discurrir de los días y de los años, se va produciendo en la persona un conjunto de transformaciones que crea lentamente una nueva situación. La persona se va haciendo mayor. El envejecimiento es una evolución progresiva, lenta pero irreversible, que afecta a todos los seres vivos y termina inevitablemente en la muerte. Nadie puede escapar al envejecimiento. Envejecer es algo que, si vivimos, nos llega a todos.

La vejez no es propiamente una enfermedad. Tampoco las dolencias que aparecen en la vejez son necesariamente consecuencia de la edad. Pueden tener su origen en otros problemas y ser, incluso, resultado de un modo de vida poco sano. La vejez es propiamente el desgaste y deterioro que se va produciendo inevitablemente con el paso del tiempo.

El envejecimiento trae consigo un conjunto de *limitaciones físicas* que no se dan en todas las personas de la misma manera, ni a la misma edad, ni con el mismo ritmo: pérdida de vista, de oído y de capacidad sensorial, limitación de los movimientos, endurecimiento de las articulaciones, etc.

Se producen, además, *cambios de orden mental y psíquico*: disminución de la memoria y limitación de la atención, sobre todo en algunas áreas; rendimiento más bajo en relación con edades anteriores. Se ha de recordar, sin embargo, que, por lo general, la inteligencia se mantiene y solo se ve afectada en edades muy avanzadas. Por otra parte, la persona no deja nunca de aprender aunque sea con otro ritmo.

Todo esto tiene unas *consecuencias de orden social y laboral*. La persona va siendo retirada de sus actividades laborales y de responsabilidades anteriores. Disminuye su relación con los demás; se hace más difícil la movilidad, la comunicación y la participación social. El entorno de la persona mayor se va reduciendo. Poco a poco va perdiendo autonomía e independencia. Cada vez se ve más desvalida y necesitada de los demás.

Dicha situación puede generar un conjunto de *vivencias de carácter negativo*, que vienen a añadirse a las dificultades propias de esta edad. Pueden aparecer sentimientos de tristeza, pesimismo, desesperanza o mal humor. Fácilmente se despierta el temor a un futuro incierto y penoso. El pensamiento de la muerte se hace cada vez más presente. Es fácil replegarse en el pasado. Puede crecer también la sensación de inutilidad y hasta de ser un estorbo para los demás. La persona corre el riesgo de encerrarse en sí misma, para ir cayendo en la soledad y el aislamiento.

En la persona mayor van apareciendo también con más fuerza *algunas necesidades*. Necesidad de seguridad: la persona necesita estar segura de que no será abandonada, de que será atendida con dignidad, de que no le faltará la ayuda adecuada. Necesidad de amor y de afecto: el mayor necesita sentir que sigue contando con el cariño y el afecto de su familia, de sus amigos, de las personas que le rodean. Necesidad de consideración y estima: la persona mayor necesita ser respetada y valorada; que se cuente con ella; que se valore lo que ha realizado en su vida; que se la escuche también ahora. Necesidad de seguir viviendo una vida que tenga sentido. Necesidad de esperanza. Necesidad de Dios.

2. Aprender a envejecer

Nadie puede escapar al envejecimiento, pero cada persona envejece a su manera. Hay muchas formas de envejecer y de vivir esta última etapa de la vida. Ciertamente, hay factores que no dependen de nosotros; no podemos detener el desgaste de los años y el deterioro de la edad. Pero hay factores que dependen, en buena parte, de nuestro estilo de vivir y de reaccionar.

Se envejece como se vive. Por eso, hay mil modos de ser mayor. Está el anciano irritable y el anciano paciente; el solitario y el comunicador; el pesimista y el optimista; el receloso y el confiado; el crispado y el adaptado; el egoísta y el generoso; el que se autoculpabiliza y el que confía en el perdón.

Lo lamentable es que, por lo general, nadie nos prepara para vivir esta fase de la vida. La persona va llegando a una situación nueva sin preparación, sin guías ni orientación. La mayor equivocación sería pensar que se puede vivir esta edad de la misma forma que se ha vivido hasta ahora, sin conocer los nuevos caminos que se han de recorrer en esta etapa en que culmina la vida. A. Grün dice así:

"La vida humana puede compararse con el recorrido del sol. Par la mañana asciende e ilumina al mundo. Al mediodía alcanza su cénit y sus rayos comienzan a disminuir y decaer. La tarde es tan importante como la mañana. Sin embargo, sus leyes son distintas."[1]

No hay que olvidar que la vejez es una etapa de la vida, con sus limitaciones y problemas, pero también con sus grandes posibilidades. Cada edad tiene sus propias características. También la vejez. No hemos de negar el desgaste y los problemas que trae consigo el paso de los años, pero, al mismo tiempo, es la etapa que nos ofrece la posibilidad de culminar nuestra vida.

---

[1] A. GRÜN, *La mitad de la vida como tarea espiritual*, Narcea, Madrid 1988, 87.

Lo importante es aceptar con realismo la nueva situación y adoptar una postura abierta y positiva ante esta última etapa de la vida. "Vivirla positivamente, como la culminación de la vida, como la etapa sin la cual la vida quedaría inacabada, inconclusa".[2]

Esto significa contemplar la trayectoria de la vida con sabiduría y paz para abrirse ahora a nuevos horizontes. Estar dispuesto a "vivir toda la vida" que se nos conceda, es decir, a recorrer la trayectoria completa de nuestros años agradeciendo a Dios el don de la vida y dando sentido a nuestro vivir diario.

3. La crisis de la persona mayor

Como decíamos anteriormente, el envejecimiento trae consigo un conjunto de cambios, problemas y dificultades. Pero, en el fondo de esa nueva situación que vive la persona mayor, se producen tres crisis básicas, que cada persona las experimenta de forma y en grado diverso.

---

[2] L. Díaz Aledo, *Envejecer es vivir*, Popular, Madrid 1993, 95.

- En primer lugar se da una *crisis de identidad*: la imagen que la persona tenía de sí misma queda ahora afectada y cuestionada por las pérdidas que va sufriendo y por la decadencia general: "En el fondo, ¿quién soy yo?, ¿qué he hecho con mi vida?, ¿qué puedo esperar ahora?".

- La segunda es la *crisis de autonomía* al experimentar el progresivo desvalimiento y la necesidad de tener que depender de los cuidados y decisiones de los demás: "Ya no puedo ser yo", "son otros los que conducen mi vida", "¿para qué vivir así?".

- Hay también una *crisis de pertenencia*, ya que la persona mayor se ve obligada a retirarse de sus anteriores ocupaciones y actividades: "Ya no sirvo para nada", "nadie cuenta conmigo", "la vida sigue sin mí".[3]

Pero, tal vez, la verdadera crisis hemos de detectarla a niveles más profundos y en una doble dirección.

- En primer lugar, se acaba poco a poco la firmeza y la seguridad, y comienza otra eta-

---

[3] Sobre esta triple crisis y el modo de enfrentarse a ellas, se puede ver J. LAFOREST, *Introducción a la gerontología. El arte de envejecer*, Herder, Barcelona 1991.

pa mucho más desvalida e incierta. A lo largo de los años, el individuo ha ido desarrollando sus capacidades: estudio, trabajo, actividades, responsabilidad. Era el tiempo de la expansión, del crecimiento de la persona, de su fortalecimiento. Ahora comienza otra fase. La persona ha de pasar de la autoafirmación a la aceptación. De la confianza en las propias fuerzas a la confianza en fuerzas que no son suyas. Antes podía apoyarse en su valía y su saber hacer; ahora ha de aceptar el propio desvalimiento y la ayuda de las otros. Comienza esa etapa en la que, según R. Tagore, se depende más de los vientos que de los remos.[4]

■ En segundo lugar, la persona comienza a presentir el final de una manera más consciente y personal. Cuando todavía no se ha alcanzado una edad avanzada, se sabe que todos mueren y que esta vida no es eterna, pero todavía el individuo no siente su propia muerte como algo próximo. En la vejez, la situación va cambiando. La persona ex-

---

[4] Citado por F. ÁLVAREZ, "Ser anciano, una tarea saludable. La ancianidad no es una condena", en *Vida Religiosa* 74 (1993), 31.

perimenta ahora su propia caducidad. Percibe en sí misma que las fuerzas se van gastando y que la vida se termina. Ya no es posible hacer grandes proyectos. Ahora llega el final. Y es esto lo que la coloca en una situación difícil y crítica.

Por eso, no basta con adaptarse a las nuevas circunstancias de la vejez y aprender a vivir con las limitaciones y dificultades de esa edad. Lo más decisivo es saber responder de forma humana y cristiana a esa crisis profunda de la existencia. La persona se ve enfrentada a lo esencial. Llega la hora de la verdad, el momento de dar un sentido al pasado, de enfrentarse con confianza al misterio de la muerte y de "despedirse" de este mundo con paz.

4. La oportunidad de culminar la vida

No hemos de ignorar el desgaste y las limitaciones que trae consigo el paso de los años, pero la jubilación es una etapa que ofrece a la persona la posibilidad de culminar su vida. Se puede decir que la vida es como un libro o una película. Todos los capítulos son importantes, pero ninguno tanto como el último. Por eso, llegar a mayor no es una desgracia. Al contrario, es tener la oportunidad de dar a la vida su último sentido y orientación.

Desde esta perspectiva, cambia totalmente la visión y vivencia de la vejez. Los últimos años se convierten en tarea de importancia decisiva. La verdadera postura no es resignarse, sino preguntarnos cómo queremos terminar nuestra vida. En lugar de lamentarnos, hemos de dar gracias a Dios porque nos regala un tiempo para sellar nuestro paso por este mundo. Así escribía W. V. Humboldt a los cincuenta años:

> "Antes de morir, me gustaría pasar unos años de absoluta tranquilidad, totalmente retirado de los asuntos mundanos... Me parecería que en la vida me hubiera faltado algo si no pudiera tener, antes de morir, un tiempo para el más puro ocio."[5]

La última etapa es el tiempo de repensar despacio la vida, para aprender a vivir no solo desde la actividad y el trabajo, sino también desde la

---

[5] Citado por A. AUER, *Envejecer bien. Un estímulo ético-teológico*, Herder, Barcelona 1997, 76-77.

contemplación y el ser; no solo desde el vigor y el esfuerzo, sino desde la debilidad y la humildad.[6] Es el tiempo de aprender a vivir más despacio, sin prisas, encontrándonos con nosotros mismos con más hondura. Es tiempo para disfrutar de manera sosegada de cada experiencia, de cada persona, de cada encuentro.

Puede ser el tiempo de la "sabiduría" para relativizar, incluso con humor, tantas cosas que no tenían la importancia que les hemos dado en otros tiempos. Tiempo para recordar lo esencial. Tiempo para la quietud y la meditación.

Para el creyente, esta última etapa se convierte en tiempo de gracia y salvación. Dios le sigue acompañando. También ahora puede contar con su presencia y su ayuda amorosa.

"Hasta vuestra vejez, yo seré el mismo;
hasta las canas, yo os sostendré;
yo lo he hecho y yo os seguiré llevando;
yo os sostendré y os liberaré." (Is 46,4)

---

[6] Ver el sugerente artículo de H. OPENHEIMER, "Reflexiones sobre la experiencia del envejecer", en *Concilium* 235 (1991), 403-412.

5. Algunas posturas equivocadas

Para vivir así la vejez es importante, antes de nada, evitar algunas posturas equivocadas que son explicables cuando se llega a una edad avanzada, pero que resultan negativas y dañosas.

Negar la realidad

Hay personas mayores que se resisten a aceptar la vejez. No quieren asumir sus limitaciones ni su desgaste. Pretenden demostrar que conservan todo su vigor y sus energías, y tratan de convencerse y de convencer a las demás de que siguen jóvenes y fuertes. Se resisten a adaptarse a las actividades y al ritmo de vida propios del mayor. Naturalmente, esta postura se va haciendo más difícil según pasan los años. Entonces la persona se crispa y descarga en su entorno su amargura y mal humor.

En el fondo de esta actitud hay un grave error. Esas personas consideran la vejez como algo solo negativo y temible. Se piensa equivocadamente que el ideal de la persona mayor es vivir, trabajar y sentir como el joven o, al menos, como el adulto. Sin embargo, el ideal es vivir en cada momento la propia edad. ¿Qué diríamos de un joven que quisiera vivir como un niño?

Apegarse al pasado

Es una actitud muy explicable. La persona mayor tiene dificultad para entender y asimilar lo nuevo, sobre todo cuando los cambios se producen de forma bastante rápida. Le supone un gran esfuerzo conectar con el momento actual y acoger lo que no ha conocido ni vivido cuando era más joven. El problema se agrava cuando siente que no se valora o que, incluso, se rechaza como negativo lo que ha vivido siempre como algo valioso e importante.

No es extraño entonces apegarse al pasado y cerrarse a todo lo nuevo. La persona puede caer así en una actitud hipercrítica y agresiva hacia las nuevas generaciones, valorando solo lo que ella ha vivido durante el pequeño período de años que ha recorrido. Antes, todo era bueno; ahora, casi todo está mal.

Encerrarse en uno mismo

El mayor corre también el riesgo de encerrarse en sí mismo buscando el aislamiento y la incomunicación. Cada vez se interesa menos por todo. Esta automarginación es uno de los grandes enemigos de una vejez sana. Si la persona se aísla, es muy difícil que viva sus últimos años de forma positiva.

Este aislamiento viene acompañado a veces por un cuidado exagerado de uno mismo. La persona vive pendiente solo de sus achaques, sus enfermedades y medicamentos. Solo habla de sus cosas y de su pasado. Se hace repetitiva, porque necesita que todos la escuchen. Solo vive para ella.

Endurecimiento

Hay otro riesgo al ir avanzando en edad. Al sentirse débil e inseguro, el individuo tiende a la autoafirmación y el endurecimiento. Se puede caer así en el dogmatismo y la intolerancia. La persona trata de acallar su propia inquietud y desasosiego condenando a los demás. La culpa de todo la tienen siempre los otros: los tiempos modernos, las modas de hoy, los cambios, los jóvenes. Se proyecta el propio descontento hacia fuera sobre los demás.

Esta actitud se encarna a veces en una postura de seguridad y superioridad sobre los demás. El mayor se parapeta detrás de su supuesta experiencia y no se deja ya enseñar ni enriquecer por nadie. Lo sabe todo, "está de vuelta de todo". Lo paradójico es que la persona lo "hace todo bien", pero no irradia bondad o ternura. En su vida falta alegría. Lo que se percibe es, más bien, endurecimiento, falta de amor, estrechez, condena amarga de los demás.

Huir de Dios

Desde una perspectiva creyente, una de las equivocaciones más graves está en rehuir el encuentro con Dios. La forma más frecuente es la de llenar la vida de tareas, actividades y diversiones. Estar siempre ocupado en algo, pasar de una cosa a otra, para no entrar dentro de sí mismo y escuchar la llamada de Dios. Todo es más importante que estar ante él. Todo es antes que el silencio y la oración.

Por este camino, la persona puede seguir muchos años olvidada de un Dios que le está llamando a una vida más auténtica. Se ha organizado la vida de tal manera que Dios no puede penetrar en ella. Está demasiado pendiente de sus cosas, sus ocupaciones y problemas. Mientras tanto, van pasando los años sin que la persona entre en el fondo de sí misma y sin que se ponga en contacto con Dios.

6. Elaborar un proyecto de vida

El mayor error de la jubilación sería vivirla de forma vacía, sin un proyecto que le aporte un sentido. Vivir esta última etapa sin objetivos ni ideal alguno; pasar los años sin metas ni referencias, sin descubrir las claves que pueden llenarla de vida y contenido autentico.

Por ello nos preguntamos: ¿Cómo dar sentido a la jubilación? ¿Cómo elaborar un proyecto de vida?

Descubrir nuevas metas

Lo primero que se ha de hacer es descubrir los objetivos o metas hacia donde se quiere orientar la nueva vida de jubilado. Antes de la jubilación, la misma vida imponía a la persona los objetivos: ganarse la vida con un trabajo concreto, sacar adelante la familia, asegurar el futuro de los hijos, ejercer un determinado cargo o responsabilidad. Ahora, las cosas han cambiado y es el jubilado mismo quien ha de decidir hacia dónde quiere caminar.

No basta decir: "Voy a cuidarme". Cuidarse sí, pero cuidarse, ¿para qué? No basta declarar: "Por fin, liberado". Liberado sí, pero liberado, ¿para qué? No basta decirse: "Ahora a vivir". Vivir sí, pero ¿vivir qué?, ¿vivir para qué?

La persona que va definiendo sus metas puede vivir su jubilación con *personalidad* propia. Sabe hacia dónde quiere orientar su atención y esfuerzos. Tiene razones para vivir. De ahí la importancia de responder a esta pregunta: ¿Qué quiero hacer yo con mi vida de jubilado?

Cada uno tiene que marcarse sus metas. Las posibilidades son muchas: desarrollar algunas cualidades que antes no se pudieron cuidar; madurar ideas o proyectos que antes no se pudieron concretar; mejorar aspectos de nuestra vida hasta ahora más descuidados; rectificar errores; acrecentar nuestros conocimientos en algún campo; cuidar más la vida interior; vivir más en contacto con la naturaleza; realizar alguna actividad o servicio de carácter altruista; cuidar mejor las amistades; escuchar música, leer, orar, meditar.

Asumir las tareas adecuadas

No basta marcarse metas. Es necesario concretar tareas y medios para lograr lo que nos hemos propuesto. ¿Qué he de hacer para vivir con acierto esa vida jubilada que me he señalado?

Antes de su jubilación, la persona tenía unos roles y unas tareas que le venían marcados por la misma vida en el campo familiar, laboral y social. La agenda de compromisos, el horario de trabajo, las obligaciones familiares, las relaciones sociales regían su vida. Ahora el jubilado cuenta con un tiempo disponible que puede configurar y organizar en función de las metas que se ha propuesto. Es un error vivir de manera improvisada, a lo que salga cada día. La jubilación es un tiempo precioso que hemos de saber vivir de manera inteligente y acertada.

La persona mayor que sabe comprometerse en tareas acertadas puede vivir, no solo con personalidad, sino también con sentido de *responsabilidad*, es decir, puede ir respondiendo día a día de su jubilación.

De ahí la importancia de saber organizarse para concretar el tiempo que se dedicará al cuidado personal, al ejercicio físico, a la lectura, al disfrute de la música u otras aficiones. El tiempo que se tomará para las relaciones con los amigos, el encuentro o la tertulia, y el servicio a los demás.

Es importante también que la persona determine, con realismo y según sus posibilidades, en qué servicios se puede comprometer (en la sociedad, en la familia, en la comunidad cristiana), qué responsabilidades puede asumir.

Cumplir las aspiraciones

No basta marcarse metas y concretar tareas. Todo ello ha de ir respondiendo a las aspiraciones y anhelos más hondos de la persona: paz interior, armonía y equilibrio personal, amor compartido, enriquecimiento humano, dicha.

Antes de la jubilación, la persona ha vivido tal vez una vida gratificante y llena de sentido, o se ha sentido quizás frustrada en sus expectativas. De ahí la importancia de comprobar ahora si la vida de la jubilación, tal como está siendo orientada y vivida, va respondiendo a los deseos más hondos de la persona o si, por el contrario, la persona está descuidando dimensiones importantes que generan en ella frustración, amargura o tristeza interior.

La persona que ve cumplirse fundamentalmente sus aspiraciones puede mirar al futuro con confianza, y vivir no solo con personalidad y sentido de responsabilidad, también con *esperanza*. Esta se sustenta en su propio vivir diario, en sus proyectos, en su relación con los demás, en las tareas que realiza, en el disfrute de la vida, en el servicio.

6. Testigos y portadores de valores

En ocasiones olvidamos que las personas de edad avanzada están en mejores condiciones que otras para cultivar y desarrollar ciertos valores humanos, que escasean en la sociedad actual, pero que son necesarios para vivir de manera sana y acertada. Comento algunos de ellos.

Sabiduría

De forma general se puede decir que la persona mayor puede vivir con más sabiduría y sensatez. Sus años le permiten mirar la vida con más realismo y verdad. Frente a ese estilo de vida fragmentada y dispersa, tan extendido hoy, la persona mayor está en mejores condiciones para unificar e integrar su existencia. Ella sabe mejor que nadie cómo es la vida, lo que promete y lo que en realidad ofrece. La experiencia acumulada a lo largo de los años y la reflexión le permiten hacer un balance de la vida y una síntesis que a otros les puede resultar más difícil.

Uno de los rasgos de esta sabiduría del mayor es su capacidad de captar dónde está lo importante de la existencia. Durante la primera mitad de la vida, el individuo corre el riesgo de vivir aturdido y distraído por mil proyectos y actividades, olvidado de lo esencial. Con los años, la persona puede aprender a relativizar muchas cosas a las que antes daba importancia. Ahora se reafirma en sus convicciones más fundamentales. Descubre realmente dónde está lo valioso de la vida, lo que nunca querría perder: la paz interior, la salud, el amor de las personas, la esperanza.

Interioridad

La jubilación es un tiempo en que el mundo interior de la persona puede crecer y ensancharse. Van quedando atrás otras preocupaciones, trabajos y responsabilidades que le han podido tener al individuo alejado de sí mismo. Ahora puede ser el momento de encontrarse más hondamente con uno mismo y con Dios.

Después de haber vivido, tal vez durante años, solo desde el exterior, llega el momento de "peregrinar al corazón" para encontrarse con uno mismo, para mirarse por dentro, escuchar las aspiraciones más nobles y los deseos más humanos que brotan de su interior, entrever el misterio que se encierra en el fondo de la existencia y abrirse a Dios, fuente y destino último de nuestro ser.

¡Qué necesaria es esta revalorización de la dimensión interior y espiritual del ser humano en unos tiempos en que todo invita a vivir de manera frívola y superficial!

Gratuidad

Vivimos bajo el signo de la producción y el rendimiento. En el fondo de la conciencia moderna existe la convicción de que, para darle el máximo sentido a la vida, lo más importante y decisivo es trabajar y sacarle la máxima utilidad. Se termina entonces valorando a la persona solo por su capacidad de producción.

El jubilado puede ofrecer una experiencia radicalmente diferente: la vida no se reduce a trabajo o producción. En su misterio más hondo, la vida es regalo y don. El hombre no está hecho solo para trabajar. Ha nacido también para jugar, disfrutar, amar, crear, adorar. La vida del jubilado puede ser punto de referencia para recordar dimensiones de la existencia como estas, a veces muy olvidadas.

Servicio desinteresado

Por otra parte, vivimos en una sociedad donde predomina el intercambio o la prestación interesada de servicios. Ya casi nada es gratuito. Todo se intercambia, se compra o se vende. Se está olvidando lo que es "dar" y "darse" de forma desinteresada. Sin embargo, las experiencias más intensas y culminantes de la vida son las que se viven en gratuidad. Solo en la entrega gratuita y desinteresada se puede saborear el verdadero amor, la solidaridad, la ayuda débil.

Cuando el jubilado hace de su tiempo disponible un tiempo dedicado al servicio altruista y desinteresado a los demás, se puede afirmar de él lo que se ha dicho del voluntario:

"El voluntario es portador de una cultura de la gratuidad y la solidaridad, en medio de nuestra sociedad competitiva, interesada y pragmática, hedonista, insolidaria e individualista. Los voluntarios sociales, por no tener otra motivación en su trabajo más que el respeto y el amor a sus semejantes, suponen un grito profético en favor de la fraternidad y de la solidaridad, testificando día a día que la última palabra no debe tenerla el intercambio ni la contraprestación, sino el reconocimiento del otro y sus necesidades."[7]

Ritmo de vida

El hombre de hoy se ve sometido con frecuencia a un ritmo deshumanizador. No le resulta fácil liberarse de la agitación, la prisa o la dispersión. Los problemas y compromisos lo llevan de una parte a otra, sin permitirle apenas ser dueño de sí mismo. Le resulta difícil encontrar el sosiego y la calma indispensables para vivir de forma más armoniosa y equilibrada.

El jubilado, por su parte, tiene la posibilidad de organizarse su tiempo de forma más racional y sensata, atendiendo a las verdaderas necesidades de todo ser humano. Puede vivir más despacio, con más sosiego y calma, dedicando

---

[7] COMISIÓN EPISCOPAL DE PASTORAL SOCIAL, *La Iglesia y los pobres* Madrid 1994, 85.

tiempo a la reflexión, al contacto con la naturaleza, a la observación de la vida, a la tertulia relajada con los amigos, a la creatividad artística, a la meditación, a la oración.

El disfrute sano de la vida

A nadie se le oculta que vivimos en una sociedad hedonista donde, para muchos, el objetivo supremo de la vida es obtener siempre y en todo el máximo placer.

Este hedonismo contemporáneo tiene unos rasgos característicos: hoy se busca el placer con especial intensidad; interesan muchos placeres y placeres "fuertes" (sexo, viajes, alcohol, droga...); crece también la tendencia a sofisticar el placer; atrae el placer caro, el que cuesta dinero, los placeres sencillos y gratuitos atraen menos. Es tal la fuerza seductora del placer que algunos lo anteponen a su propia salud.

Desde su larga experiencia, el jubilado puede descubrir que la vida contiene en sí misma las fuentes de satisfacción necesarias para vivirla con gozo: el amor compartido, la amistad, la realización personal.

Pero, además, la persona mayor, precisamente porque sabe que está viviendo la última etapa de la vida, se siente llamada a saborearla despacio. Cada día es único e irrepetible. Cada momento puede ser fuente de placeres sencillos que tal vez a otros les pasan inadvertidos: el amanecer de un nuevo día, la comida sana y sabrosa, la lectura de un buen libro, la tertulia amistosa, el paseo reconfortante, la belleza de la música, el encanto de cada estación, el descanso del atardecer. La vida de no pocos jubilados puede ser una referencia de disfrute realista y sano de la vida.

2

Hacia una jubilación más cristiana

Es un dato fácil de observar. En la sociedad actual se atienden cada vez más los diversos aspectos de la vida del jubilado, pero se descuida casi totalmente su fe y su vida espiritual. Es un error. Hemos de alegrarnos, sin duda, al ver cómo se han ido desarrollando estos años las ofertas y servicios para que las personas mayores puedan vivir inteligentemente su tiempo y disfrutar de la última etapa de su vida. Pero no basta. La vida no se realiza plenamente solo con añadirle desde fuera distracciones o con llenarla de actividades. La persona mayor necesita, además, darle un sentido interior y una orientación a lo que está viviendo.

La última etapa de la vida pone a la mujer y al hombre ante la verdad última de la existencia. Es inútil engañarse. La persona ha de adoptar una postura interior ante su final y ante el misterio de Dios. Cada uno lo sabe, aunque apenas se hable en voz alta de estas cosas. Hace algunos años, el célebre psiquiatra e investigador C. S. Jung decía que, entre sus pacientes mayores, no había encontrado uno solo "cuyo problema definitivo no fuese la actitud religiosa".[8]

Lo primero que hemos de afirmar desde una perspectiva creyente es que llegar a una edad avanzada es una gracia y una oportunidad. Es una *gracia* porque no todos pueden, antes de despedirse de este mundo, disponer de un tiempo de mayor tranquilidad para culminar su vida. No es malo llegar a una edad avanzada. En vez de lamentarnos, hemos de dar gracias a Dios porque nos regala unos años en los que podemos vivir una experiencia última de confianza en él.

Y es una *oportunidad* llena de posibilidades para un verdadero crecimiento en la fe. Es cierto que la vejez puede ser un tiempo de regresión espiritual y hundimiento de la persona en la soledad interior, la desesperanza y la amargura, pero puede también conducir a la persona a un crecimiento espiritual y a un encuentro vivo con

---

[8] Citado por A. Auer, o. c., 200.

Dios que, tal vez, ni ella misma hubiera sospechado hace unos años.

No es fácil avanzar hacia el final de la vida. Pero hay algo que el creyente no puede olvidar: también ahora Dios está ahí acompañando a la persona día a día. Es el momento de abrirnos confiadamente a él y preguntarnos qué quiere decirnos en esta última etapa de la vida. No es bueno en la vejez rehuir el encuentro sereno y confiado con Dios.

Lo decía R. Guardini desde su propia experiencia de la vejez:

> "Mala cosa hacerse viejo sin fe en Dios. Aquí no hay palabrería que valga. El núcleo de la vida del anciano no puede ser otro que la oración, sea cual sea la forma que esta tome."[9]

1. Nuevo marco para vivir la fe

El último tramo de la vida tiene sus propios rasgos y características, y constituye un tiempo en

---

[9] R. GUARDINI, *Las etapas de la vida*, Palabra, Madrid 1997, 116.

el que se nos invita a dar pasos nuevos y decisivos en la vida y también en la fe.

Así se expresa H. Hesse, Premio Nobel de Literatura:

"La vejez es una etapa de nuestra vida y, como todas las otras, tiene su propio rostro, una atmósfera y una temperatura propias, sus alegrías y sus penas. Nosotros, los viejos, los de cabello cano, tenemos nuestras tareas, al igual que nuestros hermanos más jóvenes, y ellas dan sentido a nuestra existencia... Ser viejo es una tarea tan hermosa y dichosa como ser joven."[10]

Vamos a recordar algunos factores que configuran el *nuevo marco existencial* en el que la persona mayor ha de vivir su fe.

Nueva forma de vida

Al jubilarse, la persona mayor se encuentra con que ha de estructurar su vida de forma nueva. Comienza para muchos una fase diferente, des-

---

[10] Citado por A. Auer, o. c., 82.

conocida hasta ahora. Ya no hay por qué vivir bajo la presión del tiempo y de los compromisos cotidianos. No hay por qué vivir presionado por determinadas ocupaciones obligatorias. Es posible sentirse por fin libre de esa obligación de producir, rendir o triunfar. Ha llegado el momento de poder dedicarse a lo que uno ha deseado siempre o a lo que, durante estos años pasados, ha quedado sin hacer.

Así pues, la jubilación amplía el horizonte de la vida y despierta nuevas expectativas. Sin embargo, a medida que pasan los años, el jubilado siente que se va aproximando "el límite de la vida".

Todo ello produce en la persona mayor una sensación extraña. Por una parte, cuenta con más tiempo y más libertad que nunca, pero, por otra, experimenta las limitaciones de la edad y siente que su vida se encamina ya hacia el final.

¿Cómo acertar a vivir este momento tan decisivo de la existencia?, ¿cómo vivir esta etapa de la vida desde la fe?

Descubrimiento de valores

La edad avanzada trae también consigo una manera nueva de valorar la vida. Los años permiten, por lo general, mirarlo todo con más realismo, comprensión y verdad. Es más fácil relativizar muchas cosas y apreciar mejor lo realmente valioso de la vida.

Por otra parte, la persona de edad vive, por lo general, más despacio, con más calma y sosiego. Puede dedicar más tiempo a mirar y contemplar la vida, libre de prisas y agitaciones. Es fácil que descubra nuevas fuentes de consuelo y alegría en la naturaleza y en el trato tranquilo con los amigos. Puede tener más posibilidades para la meditación y el recogimiento silencioso.

¿Cómo vivir la experiencia de Dios en estas nuevas condiciones?, ¿qué pasos nuevos dar en el camino de la fe?

La experiencia de la limitación

Al avanzar en años, la persona comienza a experimentar con más evidencia su fragilidad y desvalimiento. Las limitaciones físicas y psíquicas se dejan sentir cada vez más. La persona advierte que no posee la energía y vitalidad de otros tiempos. No es posible emprender cualquier tarea o actividad. Al contrario, se depende cada vez más del servicio y de la ayuda de los otros.

Dicho en pocas palabras, la vida va perdiendo firmeza y consistencia. La experiencia de la limitación humana es cada vez más evidente. El individuo empieza a presentir el final de forma más consciente: las fuerzas se van gastando y la vida se termina. Es inevitable. La persona se ve enfrentada a lo esencial.

¿Cómo abrirse entonces con fe al misterio eterno de Dios?, ¿cómo alimentar la esperanza?

Nuevo modo de experimentar el tiempo

Tal vez esta sea la experiencia que lo colorea todo: la persona mayor percibe el tiempo de una manera nueva. Cada vez más, la vida ya no está por delante, sino que va quedando atrás. El tiempo que queda se va acortando; lo vivido queda atrás, en ese pasado que se alarga. El individuo tiene la sensación de que su vida en buena parte está ya hecha y no la podrá rehacer.

"La sensación de que constantemente se está acabando algo -un día, una semana, una estación, un año- es cada vez más fuerte."[11]

Es por esto por lo que la persona percibe, con más intensidad que en etapas anteriores, el carácter efímero y pasajero de la vida y también el valor inestimable de cada día y cada hora. El tiempo se va cortando y la vida se acaba, pero la historia personal no ha terminado. Queda todavía por decir la última palabra. Queda el darle a la vida su forma última, el llevarla a su culminación interior.

¿Cómo vivir ante Dios desde esta manera nueva de captar la existencia?, ¿cómo vivir la fe cristiana en este momento decisivo?

2. Reencuentro con Dios

La última etapa de la vida puede ser la gran oportunidad para un reencuentro vivo y gozoso

---

[11] R. GUARDINI, O. C., 88.

con Dios. En el atardecer, brotan fácilmente las preguntas sobre lo esencial: ¿Para qué he vivido?, ¿qué sentido le he dado a mi vida?, ¿cómo he caminado ante Dios?, ¿qué me espera ahora? No tiene sentido engañarnos por más tiempo. La vejez nos obliga a descender hasta el fondo de nuestro ser.

Tal vez hemos pasado muchos años bastante olvidados de Dios. Hemos trabajado mucho, hemos sacado adelante una familia, hemos sufrido y hemos gozado. Nos falta todavía algo importante para terminar bien nuestra peregrinación por este mundo: encontrarnos con un Dios Amigo. No basta organizarnos bien la jubilación y aprender a vivir de manera inteligente y útil estos años.

> "La vejez puede y debe ser, como todas las edades, la ocasión para escuchar de nuevo (o por primera vez) el anuncio gozoso de la salvación en Cristo Jesús."[12]

---

[12] L. Sandrin, F. Caretta, M. Petrini, *Anziani oggi. Una sfida per la medicina, la società e la Chiesa*, Camiliane, Turín 1995, 151.

Este reencuentro con Dios es todavía más importante para los mayores de hoy. Muchos de ellos han conocido a lo largo de su vida profundos cambios en el mundo religioso. La fe en que fueron formados era una fe segura y tranquila; se sabía exactamente lo que había que creer, hacer y practicar; todo era claro e indiscutible. Hoy es casi lo contrario. Todo se pone en cuestión; no se sabe exactamente qué leyes morales seguir; muchos han abandonado la práctica religiosa. El mayor se siente afectado y a veces desconcertado por esta crisis religiosa, pero, al mismo tiempo, sabe que para él Dios no es una cuestión sin importancia, sino algo decisivo en esta fase de la vida.

Muchos de estos cristianos mayores han conocido, además, una religión que, en buena parte, se sustentaba en el miedo a Dios. La experiencia religiosa de aquellos tiempos les trae, a no pocos, malos recuerdos: miedo al infierno, pecados contra el sexto mandamiento, confesiones angustiosas. La religión que han conocido no ha sido una experiencia gozosa y liberadora. En sus conciencias ha quedado a veces el temor a un Dios que, más que Padre bondadoso, parece juez severo y justiciero. ¿Qué hacer ahora que se acerca el final?

Es el momento de purificar la fe y descubrir el verdadero rostro de un Dios Amigo y Salvador que solo busca nuestro bien y nuestra dicha. Él conoce nuestro corazón y nuestra trayectoria. Podemos confiar en él, pues comprende nuestros errores pasados, perdona nuestros pecados más olvidados, nos acepta como somos y solo quiere nuestro bien. Nadie nos ama como ese Dios que nos quiere no porque nosotros seamos buenos, sino porque él es bueno.

3. Desde la verdad del final

Este encuentro sincero con Dios solo es posible si la persona sabe aceptar interiormente esta fase final de la vida. Esta aceptación es decisiva para encontrar la propia identidad y la autenticidad de la fe en esta edad. Según R. Guardini,

"solo envejece de manera correcta quien ha aceptado interiormente su envejecimiento... Cuanto más sinceramente se haga, cuanto más ahonde la mirada en su sentido y cuanto más pura sea la obediencia a la verdad, tanto más auténtica y valiosa será la fase de la vida que lleva ese nombre."[13]

Si la persona sigue aferrándose obstinadamente a etapas anteriores de su vida, pensando que solo la juventud o la madurez son valiosas, siempre se sentirá como un joven o un adulto disminuido. No podrá evitar una rabia oculta contra la vida que se escapa, una envidia secreta al joven por su juventud y su futuro, una amargura interior y un cierto desprecio contra lo nuevo que uno no va a poder ya disfrutar como las nuevas generaciones.

Quien no se acepta a sí mismo con su propia edad, se queda con todos los males de esta fase de la vida y no descubre lo esencial de esta última etapa ni las posibilidades que precisamente se le abren ahora.

El creyente sabe decir sí a este final desde su fe en Dios. La vida no ha terminado. También el final sigue siendo vida. Con unos valores y unas posibilidades únicas. Un tiempo irrepetible que Dios nos regala para dar un sentido último a

---

[13] R. GUARDINI, o. c., 144-145.

nuestra vida. Un tiempo de valor inestimable para culminar interiormente nuestra existencia. Cada día es importante: "Hoy es el primer día del resto de mi vida".[14]

Pero no es fácil aceptar la vida cuando está en declive. En cualquier momento se puede despertar en nosotros la nostalgia. Es precisamente ahora cuando la fe puede abrir la existencia del creyente a un horizonte nuevo. La vida es limitada. Todos los seres humanos tenemos un tiempo concreto, con un plazo ineludible para crecer y desplegar nuestro ser. Pero la Vida es más que esta vida. El Creador nos ha hecho para conocer y disfrutar una vida eterna.

En la fe de la persona mayor comienza a despertarse una nueva experiencia. Al final de todo está Dios. Él nos ha acompañado a lo largo de esta vida, lo hayamos reconocido o no. Ahora nos espera al final como el Dios grande, misericordioso y eterno, que solo quiere para nosotros la vida plena.

El creyente de edad avanzada va tomando conciencia cada vez más clara de lo que no pasa,

---

[14] De unos versos de J. MARISS, citado por A. AUER, o. c., 142.

de lo eterno. Entiende cada vez mejor las conocidas palabras de san Agustín: "Nos hiciste, Señor, para ti, y nuestro corazón estará inquieto hasta que descanse en ti".[15] No le basta pensar que sus hijos no le olvidarán o que todavía durante un tiempo será recordado en su pueblo o entre sus amigos. También eso es pasajero. Esta fe del mayor en el Dios eterno está expresada de modo inolvidable por el salmista:

"Yo siempre estaré contigo,
tú agarras mi mano derecha,
me guías según tus planes,
y me llevas a un destino glorioso.
¿No te tengo a ti en el cielo?
Y contigo, ¿qué me importa la tierra?"
(Sal 73 [72],23-25)

De esta manera, el creyente va avanzando en años teniendo ante sí, no el final de la vida, sino el inicio de la vida eterna de Dios. No se limita a envejecer, defendiéndose como sea de la pena y el desconsuelo. Según pasan los años, en su

---

[15] SAN AGUSTÍN, *Confesiones*, I, 1.

corazón creyente van creciendo el recuerdo, la necesidad y el deseo de la eternidad de Dios.

4. En acción de gracias

Casi sin darse cuenta, la persona mayor comienza a recordar y revivir su pasado de una forma diferente a etapas anteriores. Ahora está en condiciones de hacer un balance de lo que ha sido su trayectoria vital. Muchas veces, sin pretenderlo siquiera, en su interior se despiertan recuerdos y experiencias pasadas: trabajos y penas, acontecimientos y personas, logros y fracasos, gozos y sufrimientos, errores y pecados.

Es necesario *saber recordar de manera sana*. Hay actitudes que hemos de evitar cuidadosamente. No es bueno mirar hacia atrás para alimentar la nostalgia de lo que ya nunca volverá. Tampoco hace ningún bien apenarse ahora por las oportunidades que no supimos aprovechar. Por otra parte, sería una regresión infantil volver al pasado buscando refugio y consuelo para defenderse de los sufrimientos del presente. Pueden también despertarse interrogantes peligrosos: ¿Esto ha sido todo? ¿Por qué ha pasado todo tan pronto? ¿Qué puedo hacer ahora que mi vida va terminando?

Es el momento de *superar la nostalgia y los pensamientos negativos*, para vivir esta fase de la vida en una acción de gracias permanente. El creyente sabe agradecer a Dios el regalo de la vida tal como ha sido, con sus horas hermosas y sus experiencias amargas. No han faltado sufrimientos, errores y pecados, pero, al final, lo importante ha sido la fidelidad y la misericordia de Dios. Por eso, como dice Pablo VI en su meditación ante la muerte:

> "Parece que la despedida deba expresarse en un acto grande y sencillo de reconocimiento digno de ser cantado con gozo y alegría."[16]

Sin duda, la persona mayor debe mucho a otros que le han acompañado y querido a lo largo de los años. Pero ¿a quién agradecer la vida, el ser, el aliento interior, la esperanza? Al creyente no le basta sentirse "agradecido a la vida" en abstracto. Sabe que en el origen de

---

[16] PABLO VI, "Meditación ante la muerte", en *L´Osservatore Romano*, 12.08.1979.

todo está Dios, fuente de todo bien. De ahí su alabanza y *acción de gracias al Creador*.

Con la perspectiva que dan los años, es ahora cuando se pueden percibir mejor "los designios de Dios". Lo que un día nos pareció malo, después fue tal vez para bien. Lo que fue un error por nuestra parte, más tarde se convirtió en oportunidad para reorientar mejor nuestra vida. Ahora solo queda elevar a Dios nuestro corazón agradecido. Un salmista nos enseña cómo hacerlo.

> "Toda mi vida te bendeciré...
> En el lecho me acuerdo de ti,
> porque fuiste mi auxilio,
> a la sombra de tus alas canto con júbilo;
> mi alma está unida a ti
> y tu diestra me sostiene."
> (Sal 63 [62],5.7-9)

Esta es la mejor manera de asumir el pasado y de sanar heridas, conflictos o recuerdos dolorosos; todo queda recapitulado en un canto agradecido a Dios. El creyente vive el último tramo de su vida, no en la amargura, la nostalgia o el pesimismo, sino en la alabanza y la acción de gracias: "Alabaré al Señor mientras viva" (Sal 145,2).

5. Acogiendo el perdón de Dios

Uno de los motivos de turbación en los últimos años puede ser el recuerdo de los pecados y, en concreto, el de algún pecado en particular. Durante años ha vivido uno tranquilo y olvidado de todo, pero ahora se puede despertar la inquietud: se acerca el momento del encuentro con Dios, ¿qué hacer?

Lo primero es *reconocer sinceramente nuestro pecado*. Llamar a las cosas por su nombre. Ante Dios no necesitamos defendernos ni disculparnos. Él conoce nuestro corazón. Él nos ama sin fin, tal como somos, aunque no cambiemos. Él nos comprende y perdona. No hemos de dejarnos deprimir por el peso de la culpa. El remordimiento no es cristiano. La actitud cristiana es confesar humildemente el pecado, reconocerlo con pena y confiar totalmente en el perdón infinito de Dios.

Una de las fuentes más importantes para vivir una vejez sana y serena es precisamente esa *fe en el perdón de Dios*. Pocas cosas pueden contribuir más a curar las heridas del pasado y a reconciliarse con la vida, que la experiencia del perdón de Dios. El creyente sabe que su perdón no consiste simplemente en el pecado; para Dios perdonar es "quitar el pecado", hacerlo desaparecer, devolver la inocencia. El perdón de Dios es perdón total y absoluto, nuevo comienzo de todo, gracia que regenera. Por eso puede infundir tanta paz interior, gozo y seguridad íntima ante el misterio de la muerte.

Este es, pues, otro rasgo de la fe en la última etapa: dejar el pasado con sus pecados y miserias en manos de ese Dios que es todo perdón y misericordia. Lo expresa bien la oración de este salmista anciano:

"Recuerda, Señor, que tu ternura
y tu misericordia son eternas;
no te acuerdes de los pecados
ni de las culpas de mi juventud:
por tu bondad, Señor...
Mírame, oh Dios,
y ten piedad de mí
que estoy solo y afligido;
ensancha mi corazón oprimido...

Mira mis trabajos y penas
y perdona todos mis pecados."
(Sal 25 [24],6-7.16-18)

Muchas veces no son los pecados los que turban a la persona, sino la mediocridad, la vida transcurrida en la medianía. Han pasado los años y la persona se siente con las manos vacías. ¡Cuántas cosas han quedado a medias por nuestra cobardía, nuestros egoísmos o falta de generosidad!

K. Rahner escribió en sus últimos años una oración que puede inspirar la de no pocos:

"¿En dónde podría yo refugiarme con mi debilidad, con mi dejadez, con mis ambigüedades e inseguridades... sino en ti, Dios de los pecadores comunes, cotidianos, cobardes, corrientes?... ¿A quién podría huir, sino a ti? ¿Cómo podría soportarme a mí mismo, si no supiera que tú me soportas, si no tuviera la experiencia de que tú eres bueno conmigo?... Ten compasión de mí... Soy un pecador, pero tengo un deseo humilde de tu misericordia gratuita."[17]

---

[17]K. RAHNER, *Oraciones de la vida*, Claretianas, Madrid 1989, 19.

6. Irradiando vida cristiana

Hemos hablado más arriba de la importancia de elaborar un proyecto de vida adecuado para la etapa de la jubilación. ¿Qué añadir ahora desde la perspectiva de la fe?

Tal vez lo primero es recordar que un proyecto de vida no ha de ser solo para organizar tareas, actividades y ocupaciones. La vida es mucho más. Hay que pensar también en cómo cuidar el espíritu y alimentar la vida interior durante estos años. Más aún. Es esto lo que ha de tener prioridad en el proyecto del hombre o la mujer de fe.

En segundo lugar, es importante ser "dueño del tiempo" para saber llenarlo con sabiduría cristiana, con amor y libertad. No caer de nuevo en la agitación, el activismo y la dispersión, que nos van a arrastrar una vez más fuera de nosotros mismos. Y no dejar tampoco largos espacios de tiempo vacíos y estériles que nos pueden conducir al aburrimiento y la atrofia del espíritu.

Es conveniente, además, saber que en la última etapa de la vida lo que más cuenta no es el hacer, sino el ser. El proyecto de vida tiene que ayudar no tanto a rendir y ser eficaces, cuanto a crecer como personas y como creyentes. El proyecto no es para prolongar o estirar un poco más la juventud, sino para vivir sabiamente el final. Lo importante ahora no es tanto qué hace la persona, sino cómo es, qué irradia, cómo vive.

En el proyecto de vida de un creyente no puede faltar el tiempo dedicado a la oración y a la comunicación con Dios. La jubilación puede ser una gran oportunidad para descubrir su cercanía amorosa. Durante estos últimos años hay momentos y situaciones en que nadie puede acompañar como Dios. Es verdad que son muchas las personas que nos pueden ayudar desde fuera. Pero es decisivo no sentirse solo y desamparado interiormente.

Al hablar de la oración de la persona mayor, no hemos de pensar en una oración complicada o larga. Al contrario, es el momento de estar sencillamente ante Dios con paz y confianza. No agobiarse pidiendo cosas como seguridad, fuerza, lucidez. Él sabe bien lo que necesitamos. Lo mejor es confiarnos a él con paz. Los salmos de confianza expresan bien esta actitud:

"Yo confío en tu misericordia,
mi corazón se alegra
con tu salvación."
(Sal 13 [12],6)

"A ti, Señor, levanto mi alma;
Dios mío, en ti confío,
no quede yo defraudado."
(Sal 25 [24],1-2)

"Protégeme, Dios mío,
que me refugio en ti."
(Sal 16 [15],1)

Enraizado en esta confianza en Dios el creyente vive sus últimos años irradiando vida cristiana. No tiene sentido hacer aquí una lista de virtudes propias de la persona mayor. Pero tal vez, en su estilo de vida cristiana podríamos subrayar: la serenidad, la tranquilidad amable, el amor sereno y la comprensión, la paciencia, un cierto humor sabio y cristiano y, sobre todo, la esperanza.

7. Enraizados en la esperanza

El desgaste, las dolencias y el cansancio mismo de la vida le hacen experimentar al anciano la debilidad propia de la criatura. Somos seres finitos y frágiles. Es el momento de fundamentar la existencia en el único Absoluto que es Dios. En él encuentra el creyente su fuerza y salvación.

La impotencia y la debilidad de los últimos años dejan vislumbrar dónde está la salvación del ser humano. Así lo capta el anciano creyente: "Ya no soy yo quien puedo dirigir mi vida; Dios es el único en que me puedo apoyar; él ha de ser ahora más que nunca mi esperanza".

Dos salmistas ancianos expresan bien esta confianza:

"Mi vida se gasta en el dolor...
mi vigor decae con las penas...
y todo me da miedo...
Pero yo confío en ti, Señor;
te digo: «Tú eres mi Dios»...
Haz brillar tu rostro sobre tu siervo,
sálvame por tu misericordia."
(Sal 31 [30],11.14.15.17)

"Tú, Dios mío,
fuiste mi esperanza y mi confianza,
Señor, desde mi juventud...
Siempre he confiado en ti...
No me rechaces ahora, en la vejez,
pues me van faltando las fuerzas."
(Sal 71 [70],5-6.9)

En los últimos años, la vejez se convierte en un recuerdo permanente de que la vida tiene un término. El anciano lo sabe. Siente en sí mismo que la vida va declinando. La muerte se va haciendo cada vez más presente. Van desapareciendo familiares y seres queridos. El cuerpo se debilita cada vez más. No está lejos el final.

Las reacciones en este momento pueden ser diversas. Hay quienes se agarran angustiados a la vida que se escapa. Algunos tratan de distraerse e ignorar lo que está cada vez más cerca. Otros viven mirando solo al pasado. La actitud del creyente es disponerse para la despedida despertando la esperanza en Dios. Al final, La esperanza ha de convertirse en un estado del espíritu. Lo expresa así este creyente anciano:

"Señor, dame a conocer mi fin
y cuál es la medida de mis años,
que comprenda lo caduco que soy.
Me concediste un palmo de vida,
mis días no son nada ante ti;
el hombre no dura más que un soplo,
el hombre pasa como una sombra...
Y ahora; Señor, ¿qué me queda?
Mi esperanza eres tú."
(Sal 39 [38],5-8)

Estos últimos días son preciosos. La muerte nos ha de encontrar vivos, con el corazón agradecido levantado hacia Dios, con nuestra confianza puesta totalmente en él. Dios ha sido lo mejor que ha sucedido en nuestras vidas. Después de haber hecho tantas cosas, ahora descubrimos que nos queda lo más importante: terminar de hacernos a nosotros mismos, dejarle hacer a Dios, abandonarnos confiadamente a su misterio. Nadie nos puede acompañar en ese tránsito hacia la vida eterna. En nadie nos podemos apoyar, ni siquiera en nosotros mismos. Al final, solo Dios salva.

Según L. Alonso Schökel, "como hay una llamada para vivir, hay una llamada para morir.

También morir puede ser una vocación".[18] Los últimos días son para el creyente un tiempo para escuchar con paz esa llamada cada día más cercana:

"Venid, benditos de mi Padre." (Mt 25,34)

"Entra en el gozo de tu Señor." (Mt 25,21).

En el corazón del creyente va creciendo la esperanza y también el deseo de Dios. Es el momento de recitar salmos como estos:

"Yo, por tu gran bondad, entraré en tu casa."
(Sal 5,8)

"No me entregarás a la muerte...
Me enseñarás el sendero de la vida,
me colmarás de gozo en tu presencia,
de alegría perpetua a tu derecha."
(Sal 16 [15],10-11)

"Al despertar, me saciaré de tu semblante."
(Sal 17 [16],15)

---

[18] L. Alonso Schökel, *Esperanza. Meditaciones bíblicas para la Tercera Edad,* Sal Terrae, Santander 1992, 14.

Índice